El libro definitivo del
Guepardo
para niños

Más de 100 datos sobre el guepardo, fotos y más

Jenny Kellett

BELLANOVA
MELBOURNE · SOFIA · BERLIN

Derechos de autor © 2022 by Jenny Kellett

Guepardos: El libro definitivo del guepardo para niños
www.bellanovabooks.com

ISBN: 978-619-7695-55-7
BELLANOVA BOOKS

Todos los derechos reservados. Queda prohibida la reproducción total o parcial de este libro por cualquier medio electrónico o mecánico, incluyendo la fotocopia, la grabación o el almacenamiento y recuperación de información, sin la autorización por escrito del autor.

ÍNDICE

Introducción	4
Datos Básicos	7
Características	12
Su vida cotidiana	26
Atrapar la cena	32
Charlas de guepardo	40
Subespecie de guepardo	43
Guepardo sudafricano	44
Guepardo asiático	48
Guepardo del noreste de África	50
Guepardo del noroeste de África	54
Rey Guepardo	56
Del nacimiento a la edad adulta	58
Guepardos y humanos	74
Conservación del guepardo	82
Prueba del Guepardo	86
Respuestas	90
Sopra de letres	92
Solución	94
Bibliografía	95

GUEPARDOS PARA NIÑOS

INTRODUCCIÓN

El hermoso pelaje moteado del guepardo y su velocidad vertiginosa lo convierten en uno de los felinos más queridos del mundo. Sin embargo, los guepardos no son sólo gatos grandes y rápidos: son una especie fascinante y extraordinaria. En este libro aprenderás sobre las diferentes especies de guepardos, lo que los hace únicos y los problemas a los que se enfrentan. Después, podrás poner a prueba tus conocimientos en nuestro cuestionario sobre guepardos.

¿Estás listo? *¡Vamos!*

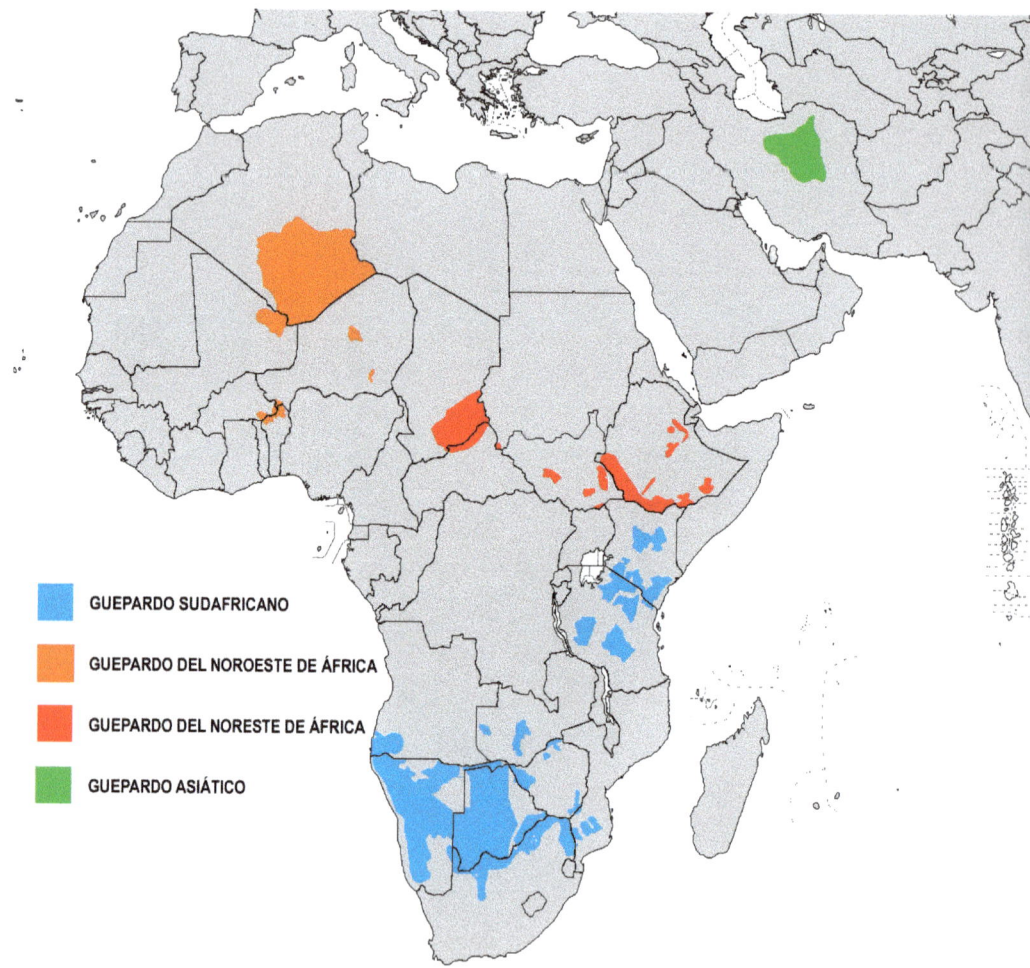

El área de distribución de los guepardos, por subespecies.
Crédito: Mario Massone

GUEPARDOS
DATOS BÁSICOS

¿Qué son los guepardos y dónde viven?

Los guepardos son grandes felinos que viven en 29 países africanos y una pequeña población en el centro de Irán. En el siglo XIX, los guepardos vivían en 38 países africanos y en gran parte de Oriente Medio y la India central, pero lamentablemente su número está disminuyendo.

Los parientes más cercanos del guepardo son el puma y el jaguarundi. Estas tres especies forman parte de la familia de los **pumas**.

GUEPARDOS PARA NIÑOS

El nombre científico del guepardo es *Acinonyx jubatus*.

༄༄༄

Los guepardos no son demasiado exigentes con el lugar donde viven y se encuentran en muchos hábitats diferentes, como sabanas, cordilleras y desiertos. Incluso pueden vivir felices en cautividad en países muy fríos. Por lo general buscan zonas con pocos depredadores, muchas presas y buena visibilidad. Les gustan los espacios abiertos, ya que en ellos es más fácil perseguir a sus presas.

༄༄༄

Una estimación reciente muestra que unos 7100 guepardos viven en libertad. Desgraciadamente, esto supone menos del 10% de la población que existía en 1900.

GUEPARDOS PARA NIÑOS

Los guepardos se han extinguido en Asia, salvo unos doce que viven en el centro de Irán.

Los guepardos están clasificados como Vulnerables **en la Lista Roja de la UICN**. Esto significa que están en peligro de extinción.

La palabra swahili para guepardo es "duma".

La palabra "cheetah" (que significa "guepardo" en inglés) procede del sánscrito चित्रय (Chitra-ya), que significa "abigarrado", "adornado" o "pintado".

Los guepardos solían ser conocidos como "leopardo de caza", ya que eran utilizados a menudo por los cazadores.

No hay una palabra concreta para designar a los guepardos macho y hembra; son simplemente **guepardos macho** y **guepardos hembra**.

El Día Internacional del Guepardo se celebra el 4 de diciembre. En este día, los amantes de los guepardos de todo el mundo se conciencian de los problemas a los que se enfrentan los guepardos. ¿Cómo lo vas a celebrar?

GUEPARDOS
CARACTERÍSTICAS

Tamaño, características, rasgos especiales y más

Las principales características de los guepardos que los diferencian de otros grandes felinos son sus cabezas pequeñas, sus hocicos cortos, las líneas negras con aspecto de lágrimas en la cara y sus cuerpos largos y delgados que les ayudan a alcanzar sus famosas velocidades.

La gente suele confundir a los leopardos con los guepardos, pero es fácil distinguirlos

cuando se sabe dónde mirar. Por ejemplo, los leopardos tienen rosetas en lugar de manchas y no tienen las líneas de lágrimas que tienen los guepardos. Los guepardos también son ligeramente más altos que los leopardos.

Un guepardo sudafricano huyendo en Namibia.

Los guepardos son los mamíferos terrestres más rápidos de la Tierra. Pueden alcanzar velocidades de hasta 120 km/h. Pueden acelerar hasta 97 km/h en tres segundos.

Los guepardos son los únicos felinos especializados en la caza mediante persecuciones de larga duración. La mayoría de los felinos cazan abalanzándose sobre sus presas y sólo corren distancias cortas.

Los guepardos suelen perseguir a sus presas unos 200-300 m por menos de un minuto.

Como queman tanta energía cuando corren, también necesitan mucho descanso. Según un estudio, los guepardos sólo se mueven durante el 12 % de su jornada.

> **No hay dos guepardos iguales. Al igual que con una huella dactilar humana, se puede distinguir a los guepardos por el patrón de su pelaje.**

La mayoría de los guepardos tienen alrededor de 2000 manchas en su pelaje, cada una de las cuales mide entre 3 y 5 cm.

GUEPARDOS PARA NIÑOS

El cuerpo del guepardo está diseñado para ser rápido: sus largas patas delanteras le permiten dar una zancada más larga que la de la mayoría de los grandes felinos. Además, los huesos de la parte inferior de sus patas y pies son muy finos y ligeros, y su columna vertebral es la más larga y flexible de todos los gatos.

Los guepardos adultos tienen pupilas redondas con iris amarillo anaranjado. Sus ojos están situados en lo alto de la cabeza, lo que les ayuda a vigilar la hierba alta.

Los guepardos tienen grandes conductos nasales que les ayudan a tomar mucho oxígeno cuando corren a gran velocidad.

Los guepardos tienen menos bigotes y más finos que otros tipos de gatos.

Los guepardos tienen la cabeza bastante redondeada y las orejas pequeñas y separadas. Detrás de las orejas, los guepardos tienen un pelaje negro con marcas blancas.

Las líneas negras que se extienden desde el ángulo interno de los ojos del guepardo hacia abajo se denominan **"líneas lagrimales"**. Varían en tamaño y color según la subespecie.

No se sabe para qué sirven las líneas lagrimales. Sin embargo, algunos científicos creen que ayudan a proteger a los guepardos del resplandor del sol, especialmente porque suelen cazar durante el día.

Los guepardos tienen colas muy largas y musculosas con mechones tupidos al final, de color negro o blanco. Los dos primeros tercios de su cola tienen manchas, mientras que el resto tiene rayas.

Cuando un guepardo corre, todas sus patas están en el aire durante más de la mitad del tiempo.

GUEPARDOS PARA NIÑOS

Las garras de los guepardos están siempre completamente extendidas cuando corren, lo que les permite agarrarse al suelo, de forma similar a los clavos de las zapatillas de los velocistas. Las almohadillas de sus pies también tienen crestas para ayudar a la tracción y el agarre.

La cola del guepardo es muy larga y musculosa, lo que le ayuda a mantener el equilibrio en los rápidos cambios de dirección durante una persecución.

Los guepardos tienen 30 dientes. Sus caninos son cortos y planos, lo que les ayuda a asfixiar a sus presas.

GUEPARDOS PARA NIÑOS

Patas de guepardo. Fíjate en sus garras romas, que les ayudan a correr más rápido ya que no se clavan en el suelo.

Imagen: Marko Kudjerski

En la naturaleza, los guepardos que llegan a la edad adulta viven unos siete años. En cautividad, pueden llegar a vivir de 8 a 12 años. En general las hembras de guepardo viven más que los machos.

Los guepardos son el único tipo de felino que solo tiene garras **semirretráctiles** sin vaina protectora.

Aunque el tamaño y el peso de los guepardos varían en función de su especie, normalmente alcanzan entre 67 y 94 cm a la cruz y pesan entre 21 y 72 kg.

Los guepardos machos tienen melena. Sin embargo, no es tan evidente como la del león, por ejemplo. Su melena suele medir unos 8 cm de largo y su pelaje es bastante áspero.

SU VIDA COTIDIANA

¡¿Cómo es la vida como un guepardo?!

Los guepardos viven en tres tipos de grupos sociales: las hembras y sus cachorros, los grupos formados solo por machos, llamados "**coaliciones**", y los machos solitarios. No son los gatos más sociables. Por lo general, intentan evitar a los demás, pero se muestran bastante amistosos si entran en contacto con otro guepardo, a menos que sea durante la época de celo.

Una coalición de guepardos cazando.

Guepardo hembra con su cachorro.

Las coaliciones suelen estar formadas por entre dos y cuatro guepardos machos, a menudo hermanos de la misma camada. Cada coalición tiene un macho dominante.

※※※

Las hembras de guepardo son las menos sociables y tienden a mantenerse solas o con sus cachorros, excepto cuando se aparean.

※※※

Las hembras de guepardo no son territoriales. La zona en la que viven se llama su área de residencia, pero esta puede solaparse con la de otras hembras sin causar ningún problema. Así que, si se encuentran con otra hembra, normalmente la ignoran y se alejan.

Un guepardo sudafricano macho marcando su territorio.

Imagen: Joachim Huber.

Los machos, en cambio, empiezan a ocupar y defender un territorio a partir de los cuatro años. Suelen elegir su territorio en función de la probabilidad de que haya muchas hembras.

Los investigadores han observado que, a veces, los cachorros de diferentes hembras pueden mezclarse. Afortunadamente, a sus nuevas madres adoptivas no parece importarles.

Para **marcar su territorio**, los guepardos macho orinan en árboles y termiteros para advertir a otros guepardos.

ATRAPAR LA CENA:
El camino del guepardo

Cuando un guepardo ve una comida potencial, tiene cinco métodos diferentes para atrapar a su presa:

- **Caminar lentamente** hacia la presa a la vista, y luego romper a correr cuando esta se aleja unos 60-70 m.
- **Sentarse y esperar** en posición agachada hasta que la presa se mueva hacia ellos antes de atacar.
- Si su presa **se distrae**, pueden empezar a perseguirla desde una distancia de hasta 600 m.
- **Acechar** a su presa mientras camina en posición agachada, congelándose de vez en cuando hasta que se acerca lo suficiente para lanzar un ataque.
- **Sacar** a su presa de donde se esconde para luego perseguirla a toda velocidad.

Un guepardo sudafricano con su presa.

Una vez que alcanzan a su presa, la hacen tropezar y le muerden la garganta hasta asfixiarla o le aplastan el cráneo si se trata de un animal más pequeño. A continuación, arrastrarán a su presa a cubierto para comérsela.

Un guepardo haciéndose una limpieza mientras descansa.

Los guepardos macho que no forman parte de una coalición tienden a recorrer zonas mucho más amplias, evitando los territorios masculinos y buscando comida y hembras.

Los guepardos son principalmente activos durante el día; esto se debe a que les ayuda a evitar la competencia de otros depredadores, como los leopardos y los leones, que cazan por la noche. Sin embargo, si un guepardo vive en una zona donde no hay mucha competencia por la comida, o si vive en el abrasador desierto del Sahara, suele ser más activo por la noche.

> **Los guepardos comen muy rápido para evitar que se los roben otros depredadores. Pueden comer hasta 14 kg de una sola vez si lo necesitan.**

Los guepardos son más activos durante el día y tienen dos picos de caza, normalmente entre las 7 y las 10 de la mañana y de nuevo entre las 4 y las 7 de la tarde. Después suelen dormir el resto del día.

Debido a su tamaño y su complexión ligera, los guepardos no pueden defenderse de los depredadores más grandes, como los leones. Por lo tanto, si un león intenta robar la presa de un guepardo, éste suele renunciar a ella en lugar de luchar por ella.

Los guepardos son **carnívoros**, es decir, solo comen carne. Su comida favorita son las presas de tamaño pequeño y mediano, como el impala, la gacela y el antílope. También pueden comer animales más pequeños, como ratas, liebres y pintadas, si no encuentran nada más grande. A menudo, los guepardos en coalición intentan capturar presas más grandes que los solitarios, como los ñus.

Los guepardos suelen ir a dormir en grupo. Sin embargo, siempre habrá un guepardo vigilando a los depredadores.

Los guepardos beben agua todos los días si está disponible. Sin embargo, en algunas partes de África, no siempre tienen acceso al agua, por lo que deben vivir del agua de su comida.

Un guepardo bebiendo en el zoo de Schönbrunn, en Viena, Austria.

CHARLAS DE GUEPARDO

Los guepardos utilizan muchas vocalizaciones para comunicarse entre sí. Entre ellas están los quejidos, los chirridos, los aullidos, los gañidos y los gruñidos. Veamos qué significan.

- **El quejido** es un sonido de ladrido agudo. Los guepardos adultos utilizan este sonido para localizarse unos a otros si se separan. Las hembras también utilizan este sonido cuando buscan a sus cachorros.
- **El chirrido** suena como el piar de un pájaro y lo utilizan los cachorros cuando están perdidos o estresados.

- **Los aullidos** son similares a los ladridos, pero los guepardos adultos los utilizan cuando están asustados.
- **El gañido**, también conocido como **tartamudeo**, se utiliza a menudo durante los encuentros sociales.
- Los guepardos **gruñen**, **silban** y **escupen** cuando están molestos, asustados o en una situación de peligro.
- Los guepardos también pueden **ronronear**. Su sonido es similar al ronroneo de un gato doméstico, pero mucho más fuerte.

Hay cuatro **subespecies** de guepardos. Cada subespecie vive en una zona diferente y se ha adaptado de forma única a su entorno.

Echemos un vistazo rápido para ver las diferencias, y después, ¡a ver si puedes averiguar la especie de los guepardos de este libro!

GUEPARDO SUDAFRICANO

Acinonyx jubatus jubatus

El guepardo sudafricano, también conocido como **guepardo de Namibia**, es la subespecie de guepardo más común. Hasta 2017, esta subespecie se dividía en dos: el guepardo del este y el del sur, pero ahora los científicos han acordado que son tan similares que deberían ser la misma subespecie.

Es originaria de África oriental y meridional, y puede encontrarse en Angola, Kenia, Botsuana, Mozambique, Namibia, Sudáfrica y Zambia.

Se pueden encontrar guepardos sudafricanos en varios hábitats, como las zonas bajas y desérticas del desierto del Kalahari, las tierras de cultivo de Namibia y las sabanas pantanosas del delta del Okavango de Botsuana.

Las manchas del guepardo sudafricano son más densas que las de otras subespecies y tienen más manchas en la cara. Además, fíjate en sus característicos "bigotes" marrones y en el pelaje muy blanco de su vientre.

A pesar de ser el guepardo más común, los guepardos sudafricanos siguen enfrentándose a muchos riesgos por la actividad humana, y ya se han extinguido en Malawi, Lesoto y la República Democrática del Congo.

GUEPARDO ASIÁTICO

Acinonyx jubatus venaticus

El guepardo asiático es una subespecie **en peligro crítico** que vive en el centro de Irán. Es la única subespecie de guepardo que aún vive en Asia. Lamentablemente, en 2022, se cree que solo viven doce individuos en libertad: nueve machos y tres hembras.

Como su futuro es tan frágil, viven en zonas protegidas y remotas donde hay poca actividad humana. En la Copa Mundial de la FIFA 2014, la selección nacional de fútbol de Irán lució imágenes del guepardo asiático en sus camisetas para concienciar sobre su conservación.

Guepardo asiático en Irán. *Imagen: Tehran Times.*

El guepardo asiático se distingue por su melena y su pelaje, que son más cortos que los de la subespecie africana. Su pelaje es de color leonado claro, más pálido en los lados, debajo del ojo, en la parte interior de las patas y en la parte delantera del hocico.

Los guepardos asiáticos tienen las manchas negras de la cabeza y el cuello dispuestas en líneas casi rectas, mientras que las manchas del resto de su cuerpo están colocadas de forma irregular, y la punta de su cola está decorada con rayas negras.

GUEPARDO DEL NORESTE DE ÁFRICA

Acinonyx jubatus soemmeringii

El guepardo del noreste de África, también conocido como **guepardo sudanés o centroafricano**, vive en el sur de Sudán y Etiopía. Vive en poblaciones escasas en hábitats abiertos como praderas y sabanas. Se calcula que quedan unos 950 ejemplares en libertad.

Al igual que el guepardo sudafricano, el guepardo de Sudán es bastante grande y tiene un pelaje con muchas manchas. En comparación con otros guepardos africanos, su pelaje es más grueso y áspero, y su vientre es el más oscuro, a veces con algunas manchas negras.

Guepardo del noreste de África.

Imagen: William Warby

Tiene la cabeza más grande de todos los guepardos y no tiene marcas de bigote como su vecino del sur.

La mayoría de los guepardos del noreste de África no tienen manchas en las patas traseras, lo que constituye una de las mejores formas de diferenciarlos del guepardo sudafricano. También se observan manchas blancas distintivas alrededor de sus ojos. Además, tienen colas gruesas, cuyas puntas pueden ser blancas o negras.

Cuando se mantienen en cautividad en países fríos, los guepardos del noreste de África desarrollan un mullido pelaje de invierno, a diferencia de cualquier otro tipo de guepardo africano.

GUEPARDO DEL NOROESTE DE ÁFRICA

Acinonyx jubatus hecki

El guepardo del noroeste de África, también conocido como guepardo sahariano, es una subespecie **en peligro crítico** que vive en pequeñas poblaciones en Argelia, Benín, Burkina Faso, Malí y Níger. Quedan menos de 250 ejemplares en libertad.

En comparación con otros guepardos, el guepardo del noroeste de África es muy singular. Tiene un pelaje corto, casi blanco, con manchas que van del negro a lo largo del lomo al marrón claro en las patas. Tienen muy pocas manchas en la cara y a menudo les faltan las marcas de lágrimas que ayudan a distinguir a los guepardos. Su cara también es más delgada y más parecida a la de un perro que la de otras especies.

Imagen: Steve Wilson

Los guepardos del noroeste de África son más pequeños que otras especies. Se han adaptado a vivir en el caluroso desierto sahariano, donde hay muy poca agua. A diferencia de otros guepardos, son principalmente nocturnos, para evitar el calor del día. También necesitan recorrer distancias más largas que otros guepardos para encontrar comida. No necesitan beber agua, sino que viven del agua de la sangre de sus presas.

REY
GUEPARDO

El Rey Guepardo es un guepardo poco común que vive en el sur de África. Aunque no es oficialmente una subespecie, es increíblemente hermoso y distinto.

Se cree que no hay más de diez en libertad y unos cincuenta en cautividad.

Rey Guepardo. ¿Notas la mismamarcas únicas?
Imagen: Olga Ernst

Debido a una mutación genética del pelaje, tiene tres gruesas rayas negras a lo largo del lomo y grandes manchas negras, lo que lo hace muy singular.

DEL NACIMIENTO A LA EDAD ADULTA

Los guepardos bebés son algunos de los más adorables del mundo animal, así que aprendamos más sobre sus primeros años de vida.

Las crías de guepardo se llaman **cachorros**.

Los guepardos tienen tres etapas vitales: **cachorro** (nacimiento a 18 meses), **adolescencia** (18-24 meses) y **edad adulta** (más de 24 meses).

El periodo de gestación de los guepardos (cuánto dura el embarazo) es de unos tres meses (90-95 días). Se reproducen a lo largo de todo el año y suelen tener camadas de entre tres y cuatro cachorros, aunque pueden llegar a ser hasta ocho.

Cuando nacen, los ojos de los cachorros de guepardo están cerrados; se abren al cabo de cuatro a once días. Después, tras unas dos semanas, los cachorros empiezan a caminar.

Los cachorros de guepardo nacen con unos adorables mechones esponjosos, llamados **manto**, que les cubren el cuello y la espalda.

GUEPARDOS PARA NIÑOS

Los científicos creen que su manto les ayuda a camuflarse de los depredadores. Empiezan a perder el manto a los tres meses.

A los cachorros les empiezan a salir los dientes de leche cuando tienen entre tres y seis meses. Estos son reemplazados por los dientes adultos alrededor de los ocho meses de edad.

Los cachorros de guepardo nacidos en la naturaleza pesan entre 150 y 300 g al nacer, mientras que los nacidos en cautividad suelen pesar unos 500 g. Los guepardos en cautividad tienen un acceso más fácil a alimentos de calidad, por lo que las madres pueden centrarse en el cuidado de sí mismas en lugar de cazar, lo que hace que sus cachorros sean más grandes.

Raro cachorro de guepardo del noroeste. *Imagen: Steve Wilson*

Aunque los cachorros nacen con sus manchas únicas, su pelaje parece mucho más oscuro, ya que las manchas están aplastadas. Sus manchas se extienden a medida que crecen, y su pelaje se vuelve más claro.

Los cachorros recién nacidos suelen escupir mucho.

Los cachorros son muy juguetones, sobre todo a partir de los cuatro meses. Les encanta luchar entre ellos, subirse a los árboles y practicar la caza de pequeños animales.

La vida de los cachorros de guepardo es dura y muy pocos llegan a la edad adulta, ya que suelen ser presa de animales como hienas y leones. Sin embargo, sus madres hacen todo lo posible para mantenerlos a salvo. Mantienen a sus cachorros bien escondidos en una **guarida** durante los dos primeros meses de su vida y solo los alimentan durante la madrugada. Nunca se alejan mucho y trasladan a sus cachorros a un nuevo lugar cada cinco o seis días.

Los cachorros empiezan a salir de su guarida y a experimentar la vida de un guepardo adulto cuando tienen dos meses. Aprenderán a cazar y a estar atentos a los depredadores, e incluso podrán cazar sus propias presas pequeñas, como liebres, cuando tengan seis meses, pero no saldrán a cazar solos hasta que tengan unos doce meses.

La tasa de supervivencia de los cachorros oscila entre el 17 % y el 70%. En zonas como el Parque Nacional del Serengueti, donde hay muchos grandes depredadores, la tasa de supervivencia es muy baja. Sin embargo, en las tierras de cultivo de Namibia, donde los guepardos son el principal depredador, su tasa de supervivencia es mucho mayor.

Imagen: Bernard Dupont

Los cachorros toman la leche de su madre hasta los cuatro meses, pero sus madres les introducen lentamente la carne a partir de los dos meses.

Las hembras jóvenes suelen permanecer cerca de sus madres de por vida, mientras que los machos se van por su cuenta o forman una coalición. Las coaliciones suelen estar formadas por hermanos.

Las hembras de guepardo pueden empezar a tener cachorros entre los 2 y 3 años de edad. Después de dar a luz, pueden volver a quedarse embarazadas entre 17 y 20 meses después.

Una vez que tienen alrededor de 20 meses, los cachorros suelen ser muy independientes. Continúan creciendo hasta los cuatro u ocho años, momento en el que alcanzan su tamaño adulto final.

**Sudeste Africano
guepardo y su cachorro.**

GUEPARDOS Y HUMANOS

Puede que seamos muy diferentes, pero todos compartimos el mismo planeta. Así que, ¿cómo nos llevamos con los guepardos?

Los primeros dibujos humanos conocidos de guepardos, encontrados en cuevas de Francia, se remontan al 32 000-26 000 a.C.

En el pasado, los guepardos eran mantenidos como mascotas por los ricos y poderosos: faraones, reyes y emperadores tenían guepardos como signo de riqueza y estatus.

Los guepardos han sido domesticados por el ser humano durante miles de años, pero nunca han sido domesticados como los gatos. Se sabe que los antiguos egipcios domesticaban a los guepardos, aunque es posible que los domasen incluso antes.

Los antiguos egipcios *adoraban* a los guepardos. Creían que una diosa felina llamada Mafdet, a menudo representada con la cabeza de un guepardo, ayudaría a acelerar el paso del alma del faraón al otro mundo.

En EE.UU. existe una estricta normativa sobre la tenencia de guepardos como animales de compañía; sin embargo, no es raro que los ricos posean un guepardo en los Emiratos Árabes Unidos.

GUEPARDOS PARA NIÑOS

Un guepardo en Whipsnade Zoo, Londres.
Imagen: Bernard Dupont.

El primer guepardo llevado a cautividad fue en la Sociedad Zoológica de Londres en 1829.

Los guepardos son los menos peligrosos de los grandes felinos. Es más probable que huyan de los humanos que los ataquen, porque no los ven como una presa.

En el siglo VII d.C., los guepardos eran utilizados por la nobleza de Oriente Medio para cazar. Los guepardos tenían un asiento especial en la parte trasera de la silla del caballo de los cazadores.

GUEPARDOS PARA NIÑOS

Los romanos llamaban a los guepardos leopardos, ya que creían que eran una mezcla entre un leopardo y un león debido a los mullidos mantos que se ven en los cachorros de guepardo.

Si te gusta leer, te encantará el libro *How It Was With Dooms* (en español, *Cómo era la vida con Dooms*). Es una historia real sobre una familia keniana que crio a un cachorro de guepardo huérfano llamado Duma.

Dos equipos sudafricanos de rugby, los *Toyota Free State Cheetahs* y *los Cheetahs*, tienen un guepardo corriendo como emblema.

Derechos de autor: Simon and Schuster.

Representación de antiguos egipcios con guepardos. *Derechos de autor de Wellcome Images.*

La serie de televisión animada *Thundercats* cuenta con un personaje llamado Cheetara, una chica guepardo.

Quizá uno de los guepardos más famosos del mundo sea **Chester Cheetah**, de la marca Cheetos. Se convirtió en la mascota de los snacks de color naranja en 1985.

Cheetah, un personaje ficticio de DC Comics, es uno de los mayores enemigos de *Wonder Woman*.

CONSERVACIÓN DEL GUEPARDO

Lamentablemente, los guepardos tienen una vida difícil y un incierto futuro. Se considera que la especie de guepardo en su conjunto está en peligro, mientras que dos subespecies del noroeste de África y Asia están en peligro crítico.

El guepardo se enfrenta a muchos retos, como la caza, la depredación, el comercio ilegal de mascotas, el cambio climático y la pérdida de su hábitat. La causa de muchos de estos peligros es humana. A medida que su número disminuye, sus poblaciones se dispersan más, lo que hace más difícil que los guepardos encuentren pareja, lo que conduce a la endogamia. La endogamia hace que los guepardos sean más vulnerables a una serie de enfermedades.

Afortunadamente, hay miles de amantes de los guepardos y organizaciones de todo el mundo que se esfuerzan por proteger su futuro.

Los conservacionistas llevan cientos de años intentando criar guepardos en cautividad, pero es muy difícil hacerlo. Sin embargo, desde 1971, el *De Wildt Cheetah and Wildlife Centre de Sudáfrica* ha criado más de 800 cachorros de guepardo, incluido el primer guepardo real criado en cautividad.

¿CÓMO PUEDES AYUDAR?

Los guepardos necesitan la ayuda de personas como tú para concienciar a su familia y amigos sobre los problemas a los que se enfrentan.

Puedes apoyar a muchas organizaciones, como *The Cheetah Conservation Fund, WWF, African Wildlife Foundation*, y *Cheetah Conservation Botswana*.

TA través de estas organizaciones, tienes la oportunidad de adoptar un guepardo, donar dinero y conocer otras formas de ayudar.

Aquí tienes algunas ideas sobre cómo puedes ayudar:

- En lugar de regalos en tu cumpleaños, pide a tus amigos y familiares que hagan donaciones a tu organización benéfica favorita.
- Organiza una venta de pasteles para recaudar dinero.
- ¡Sé un embajador de los guepardos! Comparte información sobre los problemas a los que se enfrentan los guepardos en tus redes sociales o habla con tus amigos y familiares para difundirlos.
- Utiliza el hashtag **#SaveTheCheetah** en las redes sociales.
- Adopta un guepardo (virtualmente, por supuesto) a través de las organizaciones mencionadas anteriormente.
- Consulta con tu zoológico local para ver en qué proyectos están involucrados y cómo puedes ayudar.

PRUEBA
del guepardo

Pon a prueba tus conocimientos en nuestro cuestionario sobre el guepardo. Las respuestas están en la siguiente página.

1. ¿Puedes nombrar las cuatro subespecies de guepardo?

2. ¿En qué dos continentes viven los guepardos en estado salvaje?

3. ¿Conoces el nombre científico del guepardo?

4. ¿Cuántos guepardos viven en la naturaleza?

5. ¿Cómo están catalogados los guepardos por la UICN?

6. ¿Cuándo se celebra el Día Internacional del Guepardo?

7. ¿Cuántas manchas tienen la mayoría de los guepardos en su pelaje?

8. Los hermanos guepardos tienen los mismos patrones de manchas. ¿Verdadero o falso?

9. ¿Cuántos dientes tienen los guepardos?

10. ¿Cómo se llaman las líneas negras que recorren la cara de los guepardos?

11. ¿Cómo se llama un grupo de guepardos macho?

12. Los guepardos son herbívoros. ¿Verdadero o falso?

13 ¿Qué sonido hacen los cachorros si se pierden o se estresan?

14 ¿Qué subespecie del guepardo es la más común?

15 ¿Cuántos guepardos asiáticos se conocen en estado salvaje?

16 ¿Qué especie de guepardo tiene la cabeza más grande?

17 ¿Cuánto dura el periodo de gestación del guepardo?

18 ¿Qué es un manto?

19 ¿Cuándo empiezan a caminar los cachorros?

20 Los guepardos suelen atacar a los humanos. ¿Verdadero o falso?

RESPUESTAS

1. Sudeste de África, Asia, Noreste de África y Noroeste de África.
2. África y Asia.
3. Acinonyx jubatus.
4. Alrededor de 7100
5. Vulnerable.
6. El 4 de diciembre.
7. Alrededor de 2000.
8. Falso. No hay dos guepardos iguales.
9. 30.
10. Marcas de lágrimas.
11. Una coalición.
12. Falso. Son carnívoros.
13. Chirrido.
14. Guepardo sudafricano.
15. Doce.
16. El guepardo del noreste de África.
17. 90-95 días.
18. Los mechones de pelo que tienen los cachorros de guepardo.
19. Después de dos semanas.
20. Falso.

Guepardo
SOPRA DE LETRES

A	F	D	B	I	U	Y	R	W	V	Á	C
W	G	W	D	Á	F	R	I	C	A	M	X
F	N	U	H	F	S	E	Z	A	X	N	C
M	C	F	E	L	I	N	O	C	C	Y	O
V	A	Y	T	P	W	A	D	H	Ó	F	A
Z	G	N	H	J	A	S	B	O	P	R	L
Ó	Q	A	T	D	S	R	E	R	R	D	I
Z	B	G	Ó	O	A	W	D	R	N	W	C
Á	M	A	M	I	F	E	R	O	E	A	I
H	G	F	S	E	R	H	V	S	F	D	Ó
Q	D	E	P	R	E	D	A	D	O	R	N
R	Á	P	I	D	O	Q	Á	Q	W	Ó	G

¿Puedes encontrar todas las palabras siguientes en la sopa de letras de la izquierda?

GUEPARDO **DEPREDADOR** **MANTO**

MAMIFERO **COALICIÓN** **ÁFRICA**

CACHORROS **FELINO** **RÁPIDO**

GUEPARDOS PARA NIÑOS

SOLUCIÓN

	G			Á	F	R	I	C	A		
		U					A			C	
M		F	E	L	I	N	O	C		O	
		A		P			H			A	
		N		A			O			L	
		T		R		R				I	
				O		D	R			C	
	M	A	M	I	F	E	R	O		I	
						S				Ó	
	D	E	P	R	E	D	A	D	O	R	N
R	Á	P	I	D	O						

BIBLIOGRAFÍA

Southeast African cheetah - Wikipedia (2019). Available at: https://en.wikipedia.org/wiki/Southeast_African_cheetah (Accessed: 29 April 2022).

(2022) Education.nationalgeographic.org. Available at: https://education.nationalgeographic.org/resource/cheetahs-brink-extinction-again (Accessed: 27 May 2022).

Everything You Need to Know About Pet Cheetahs (2022). Available at: https://pethelpful.com/exotic-pets/about-pet-cheetahs (Accessed: 27 May 2022).

Northwest African cheetah - Wikipedia (2022). Available at: https://en.wikipedia.org/wiki/Northwest_African_cheetah (Accessed: 27 May 2022).

GUEPARDOS PARA NIÑOS

The Elvis of Cheetahs (2022). Available at: https://www.awf.org/blog/elvis-cheetahs (Accessed: 27 May 2022).

Carnivores, S. (2020) Claws - Animal Experiences At Wingham Wildlife Park In Kent, Animal Experiences At Wingham Wildlife Park In Kent. Available at: https://winghamwildlifepark.co.uk/claws (Accessed: 29 May 2022).

14 Cute Baby Cheetah Facts: Diet, Cub Sounds, Photos (2021). Available at: https://storyteller.travel/baby-cheetah/ (Accessed: 29 May 2022).

Cheetah (character) - Wikipedia (2022). Available at: https://en.wikipedia.org/wiki/Cheetah_(character) (Accessed: 29 May 2022).

International Cheetah Day - Cheetah Conservation Fund Canada (2022). Available at: https://cheetah.org/canada/events/international-cheetah-day-2/ (Accessed: 29 May 2022).

10 things you didn't know about cheetahs (2022). Available at: https://www.zsl.org/blogs/wild-about/10-things-you-didnt-know-about-cheetahs (Accessed: 29 May 2022).

CHEETAH CONSERVATION BOTSWANA (2022). Available at: https://www.cheetahconservationbotswana.org/ (Accessed: 1 June 2022).

Homepage • Cheetah Conservation Fund (2022). Available at: https://cheetah.org/ (Accessed: 1 June 2022).

Esperamos que hayas aprendido algunos datos increíbles sobre los guepardos.

Visítanos en www.bellanovabooks.com para ver más libros fantásticos.

www.ingramcontent.com/pod-product-compliance
Lightning Source LLC
LaVergne TN
LVHW050132080526
838202LV00061B/6479